Impressum
Verlag: BABADADA GmbH, Nedderfeld 112 , 22529 Hamburg
Geschäftsführer / Verlagsleitung: Harald Hof
Druck: Books on Demand GmbH, In de Tarpen 42, 22848 Norderstedt

Imprint
Publisher: BABADADA GmbH, Nedderfeld 112 , 22529 Hamburg, Germany
Managing Director / Publishing direction: Harald Hof
Print: Books on Demand GmbH, In de Tarpen 42, 22848 Norderstedt

1

學校
sekolo

教室 / phaphosi borutelo

除 / kgaoganya

186/2

校園 / jarata ya sekolo

黑板 / boroto

老師 / morutabana

紙 / pampiri

書寫 / kwala

筆 / pene

辦公桌 / tafole

直尺 / ruler

書 / buka

學生 / baithuti

書包
kgetsana ya dibuka

鉛筆盒
setsenya dipensele

鉛筆
pensele

削鉛筆機
seseta pensele

橡皮擦
sephimola

畫板
boto ya go torowa

圖畫

torowa

畫筆

boratšhe jwa pente

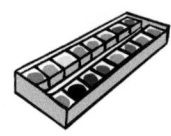

顏料盒

bokose ya pente

剪刀

dikere

膠水

sekgomaretsi

練習冊

buka ya go kwalela

家庭作業

tirogae

12

數字

palo

2+2

加

tlhakanya

5-2

減

kgaoganya

2×2

乘

atisa

計算

khalkhuleitara

A

字母

lekwalo

ABCDEFG HIJKLMN OPQRSTU VWXYZ

字母表

alfabete

hello

字

lefoko

課文

mafoko

讀

bala

粉筆

choko

上課

thuto

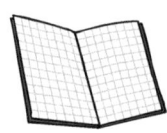

登記

rejistara

考試

tlhatlhobo

證書

setifikeiti

校服

diaparo tsa sekolo

教育

thuto

百科全書

encyclopedia

大學

unibesithi

顯微鏡

mikoroskoupo

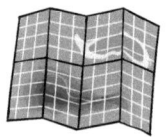

地圖

mmepe

廢紙簍

moteme wa dipampiri

旅行

eta

飯店
hotele
Grand
青年旅社
hosetele
ROOMS
EXCHANGE
外幣兌換處
kantoro ya go fetola madi
手提箱
sutukeisi
汽車
sejanaga

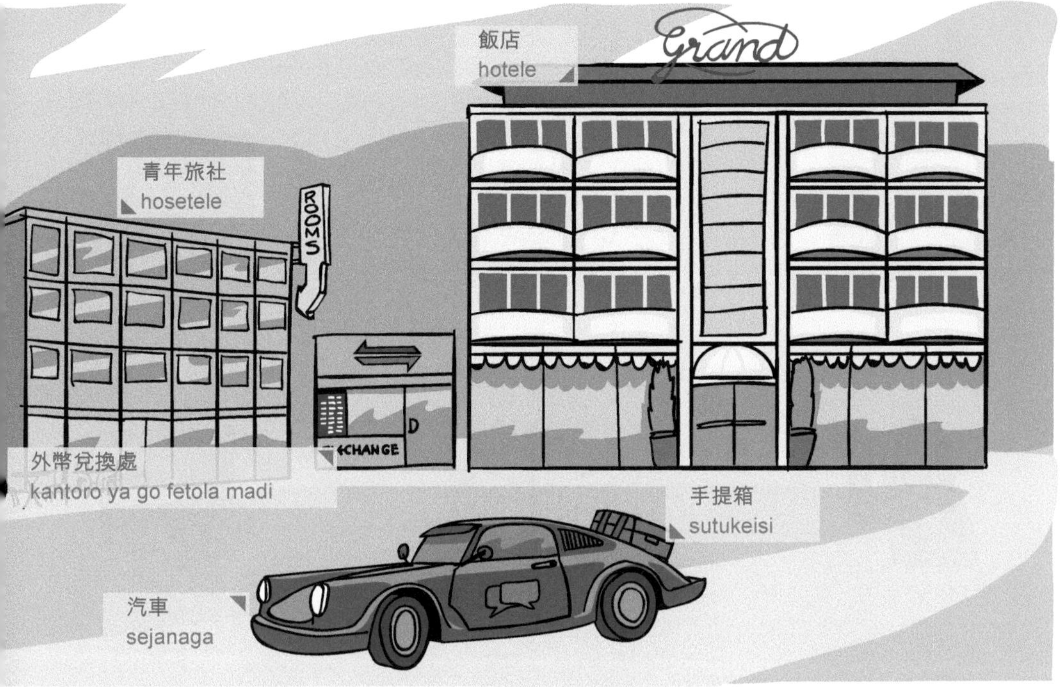

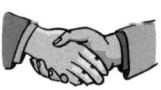

語言

puo

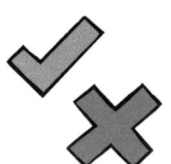

是/否

ee / nnyaa

好的

Go siame

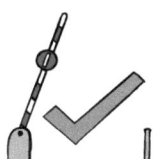

您好

dumela

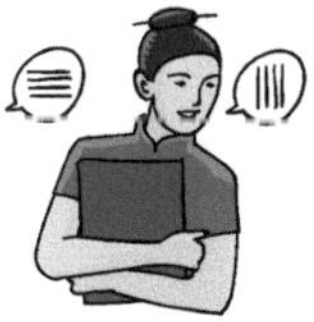

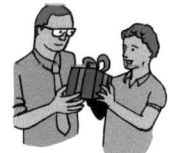

翻譯人員

moranodi

謝謝

Ke a leboga

......多少錢？

ke bokae...?

我不明白

ga ke tlhaloganye

問題

bothata

晚上好！

O itumelele bosigo!

早上好！

Dumela!

晚安！

Robala Sentle!

再見

tsamaya sentle

方向

tsela

行李

dithoto

包

kgetsi

背包

kgetsi

客人

moeng

房間

phaposi

睡袋

kgetsana ya go robalela

帳篷

mogope

旅行資訊

shedimosetso ya mojanala

海灘

lewatle

信用卡

karata ya go tsaya sekoloto

早餐

sefitlholo

午餐

dijo tsa motshegare

晚餐

dijo tsa maitsiboa

票

tekete

電梯

lifiti

郵票

setempe

邊界

bodara

海關

dingwao

大使館

embassy

簽證

visa

護照

lokwalo itshupo

交通運送
sepalangwa

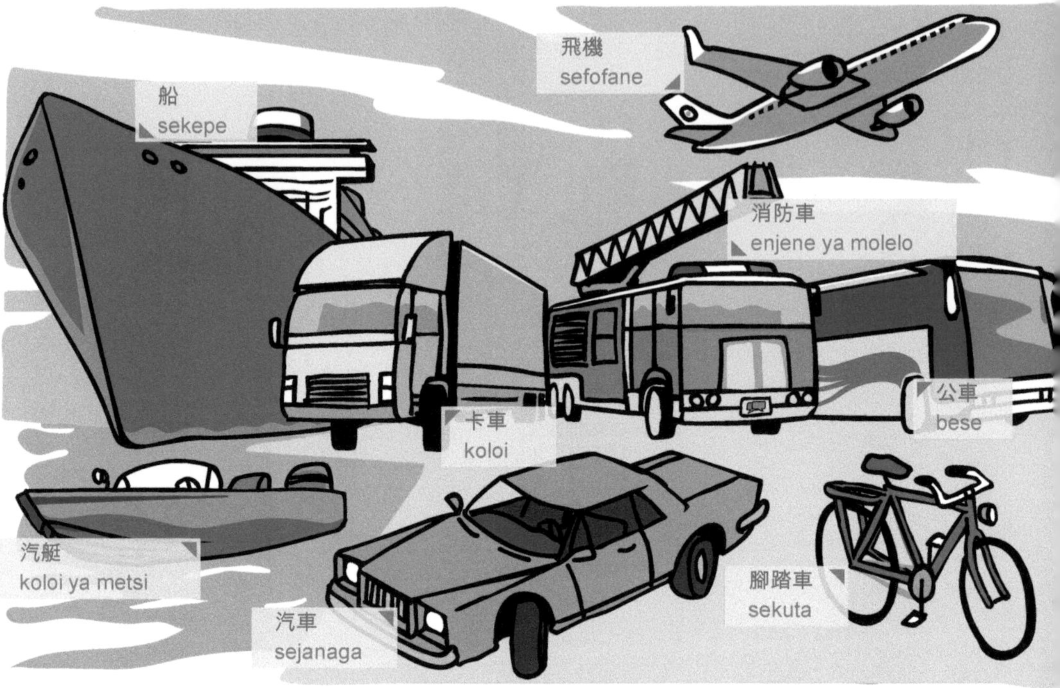

飛機
sefofane

船
sekepe

消防車
enjene ya molelo

公車
bese

卡車
koloi

汽艇
koloi ya metsi

腳踏車
sekuta

汽車
sejanaga

渡輪
feri

小船
sekepe

機車
sethuthuthu

警車
sejanaga sa mapodisa

賽車
sejanaga sa lobelo

租車
sejanaga se se hirilweng

拼車

aroganya sejanaga

拖車

koloi e e gogang dikoloi tse
di robegileng

垃圾車

koloi e e tsayang matlakala

馬達

koloi

汽油

lookwane

加油站

seteišhene sa lookwane

交通標識

letshwao la pharakano

交通

pharakano

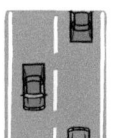

交通堵塞

pharakano

停車場

lefelo la go emisa koloi

火車站

seteišhene sa terena

軌道

mela

火車

terena

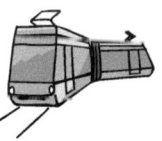

路面電車

tereme

客車廂

kolotsana

直升機

sefofane

機場

boemeladifofane

塔

tora

乘客

mopalami

集裝箱

sekhafothini

紙板箱

bokoso

手推車

karaki

籃子

basekete

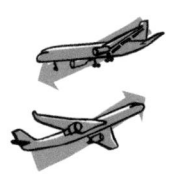

起飛/降落

go tsamaya / go fitlha

城市

toropo

村莊

motse

市中心

legare la teropo

房子

ntlo

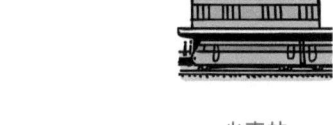

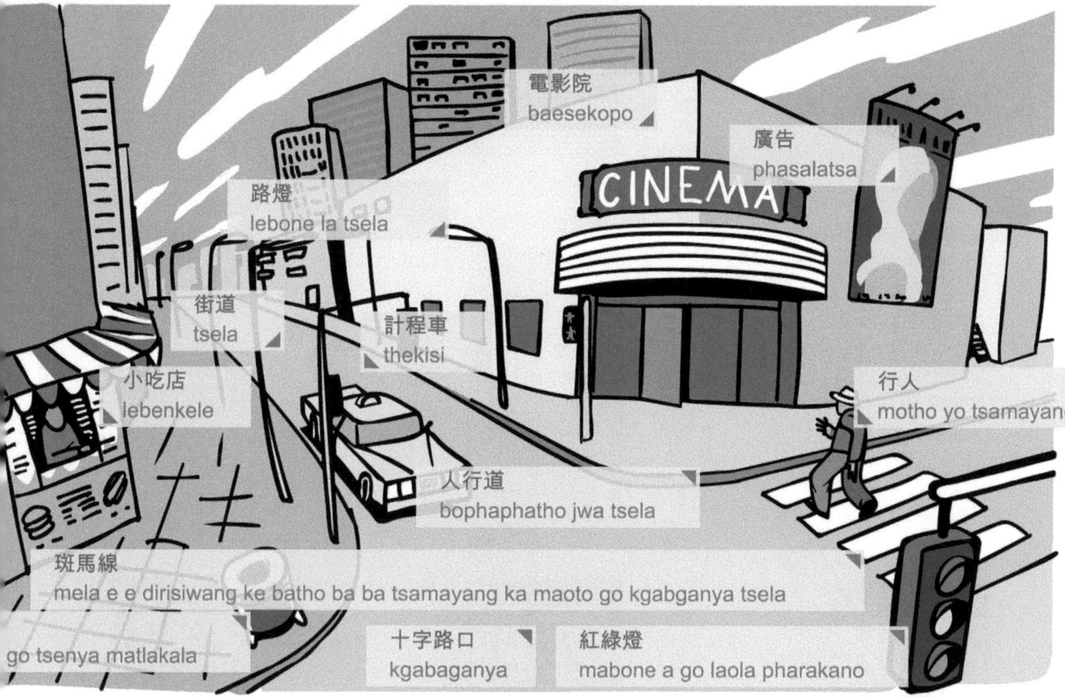
電影院
baesekopo
廣告
phasalatsa
CINEMA
路燈
lebone la tsela
街道
tsela
計程車
thekisi
小吃店
lebenkele
行人
motho yo tsamayang
人行道
bophaphatho jwa tsela
斑馬線
mela e e dirisiwang ke batho ba ba tsamayang ka maoto go kgabganya tsela
go tsenya matlakala
十字路口
kgabaganya
紅綠燈
mabone a go laola pharakano

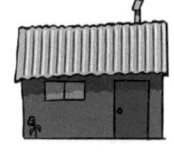

小屋

lo e e ruletseng ka bojang

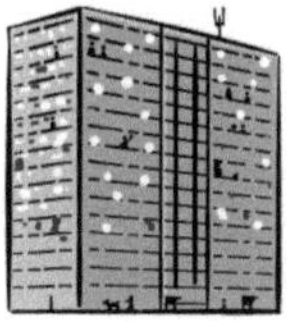

公寓

sephara

火車站

seteišhene sa terena

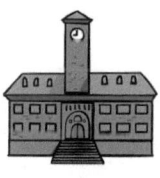

市政廳

ntlolehalahala la toropo

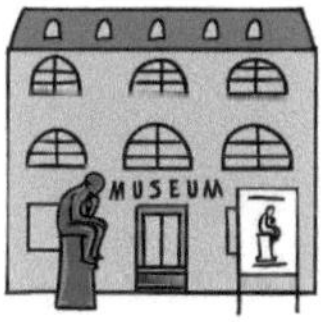
MUSEUM

博物館

museamo

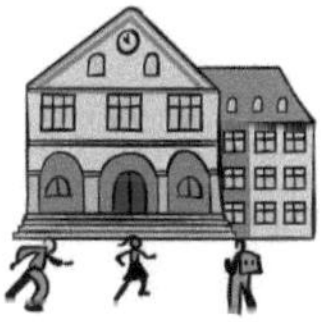

學校

sekolo

大學

unibesithi

銀行

banka

醫院

sepetlele

飯店

hotele

藥房

lefelo la melemo

辦公室

kantoro

書店

lebenkele la dibuka

商店

lebenkele

花店

batho ba ba rekisang malomo

超市

lebenkele

市場

maraka

百貨商店

lebenkele la diaparo

魚店

fishmongers

購物中心

moago wa mabenkele a a mantsi

海港

boema dikepe

公園

serapa

長凳

banka

橋

borogo

樓梯

ditepisi

捷運

kwa tlase ga lefatshe

隧道

kgogometso

公車站

boemela bese

酒吧

bara

餐館

lefelo la go jela

郵筒

lebokose la pose

路標

letshwao la tsela

停車計時器

mitara wa go emisa koloi

動物園

lefelo la go bonela
diphologolo

游泳池

letlodi la go thuma

清真寺

tempele ya mamoselema

農場
polase

污染
kgotlelelo

墓地
mabitla

教堂
kereke

操場
lefelo la go tshamekela

寺廟
temple

地形

boago jwa lefelo

樹葉
setlhatsana

指示牌
matshwao

路
tsela

草地
ditlhaga

石頭
letlapa

樹
setlhare

徒步旅行者
motho yo o tsamayang mo thabeng

河
noka

草
bojang

花
lelomo

峽谷

mokgatša

丘陵

thatshana

湖

lekadiba

森林

sekgwa

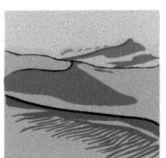

沙漠

sekaka

火山

lekgwamolelo

城堡

khasele

彩虹

motshe wa badimo

蘑菇

leboa

棕櫚樹

mokolana

蚊子

montsane

蒼蠅

tshenekegi

螞蟻

tshoswane

蜜蜂

notshi

蜘蛛

segokgo

甲蟲

khukhwana

青蛙

segwagwa

松鼠

mosha

刺蝟

noko

野兔

mmutla

貓頭鷹

morubisi

鳥

nonyane

天鵝

pidipidi

野豬

dikolobe tsa naga

鹿

kgokong

麋鹿

moose

水壩

letamo

風力發電機

sefetlhaphefo

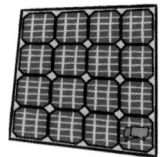

太陽能電池板

motlakase o o dirilweng ka letsatsi

氣候

loapi

餐館

lefelo la go jela

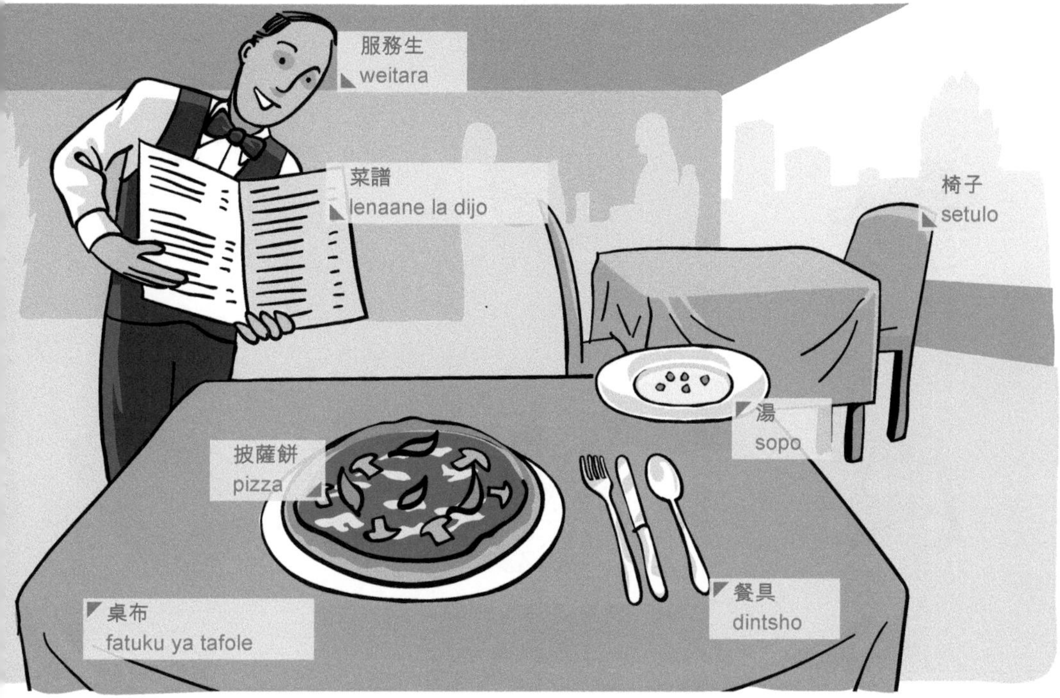

服務生
weitara
菜譜
lenaane la dijo
椅子
setulo
湯
sopo
披薩餅
pizza
餐具
dintsho
桌布
fatuku ya tafole

前菜

sejo sa ntlha

主菜

sejo sa bobedi

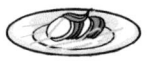

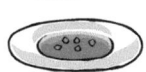

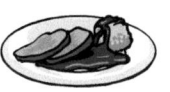

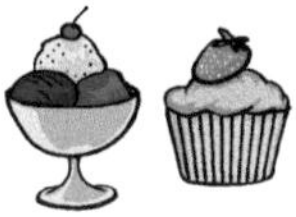

甜點

dijo tse di naleng sukiri

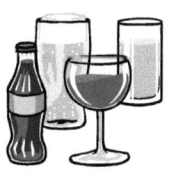

飲料

dino

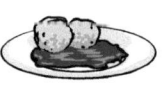

食物

dijo

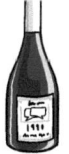

瓶子

botlolo

速食

dijo tsa mo strateng

街邊小吃

dijo tsa seterata

茶壺

ketlele ya tee

糖盒

sejana sa go tsenya sukiri

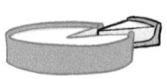

一份飯菜

karolo

義式咖啡機

motšhini wa espresso

高腳椅

setulo se se kwa godimo

帳單

tshupamolato

托盤

terei

刀

thipa

餐叉

forotlho

勺子

liso

茶匙

leswana

餐巾

lesela la go iphimola

玻璃杯

galase

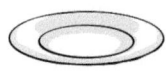

碟子
poleiti

湯盤
poleiti ya sopo

碟子
sosara

醬
sopo

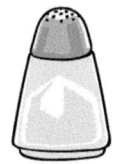

鹽瓶
sejana sa letswai

胡椒研磨罐
sesila pepere

醋
aseini

食用油
oli

調味料
ditswaiso

番茄醬
tamati souso

芥末
masetete

美乃滋
mayonaese

超市

lebenkele

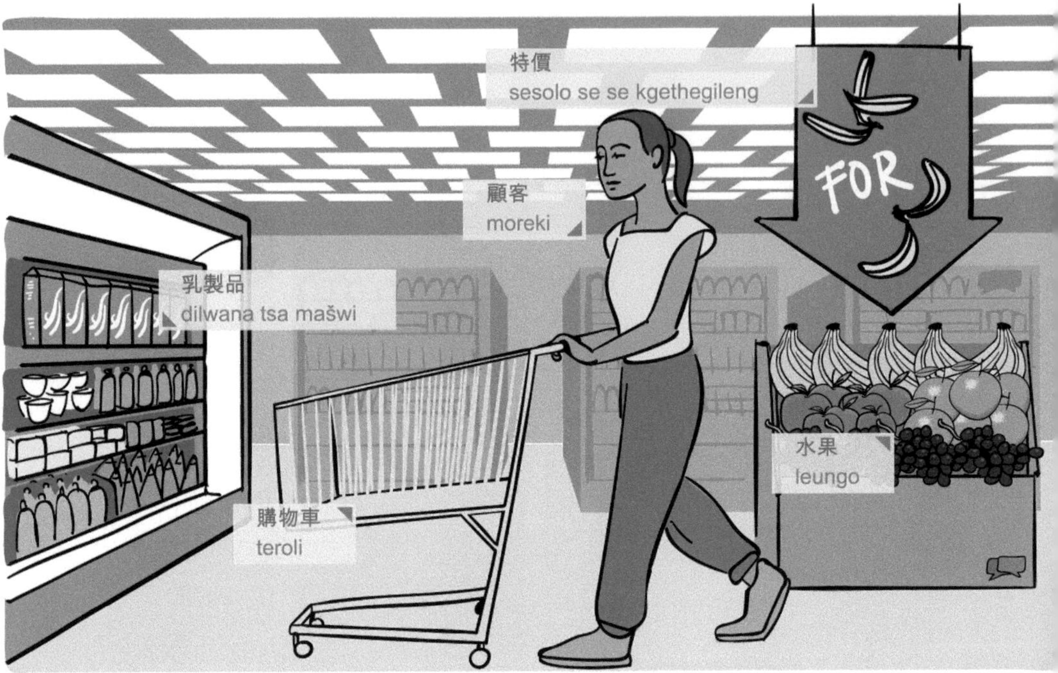

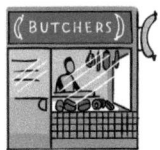

特價
sesolo se se kgethegileng
顧客
moreki
FOR
乳製品
dilwana tsa mašwi
水果
leungo
購物車
teroli

BUTCHERS

肉鋪

batho ba ba segang nama

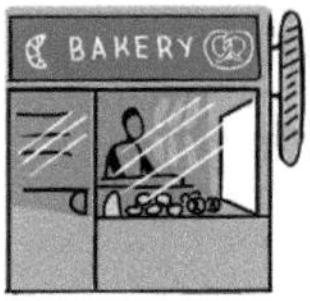

BAKERY

麵包店

babaki

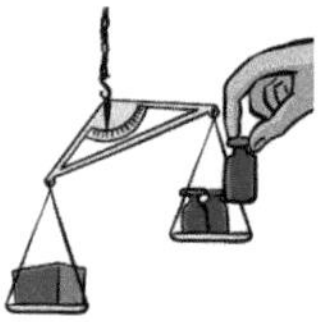

稱重

boima

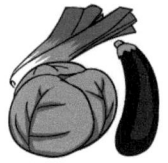

蔬菜

merogo

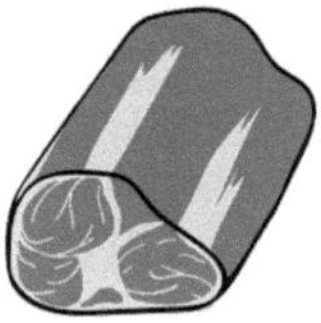

肉

nama

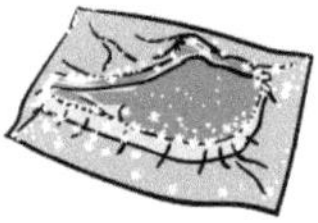

冷凍食品

dijo tse di aesitsweng

冷盤

nama e e sa tlhokeng go
apewa

罐頭食品

dijo tsa thini

洗衣粉

molora o o tlhatswang

甜食

dimonamone

日用品

dilwana tsa ntlo

清潔用品

dilwana tsa go phepafatsa

銷售員

morekisi

收銀機

motšhini wa madi

收銀員

morekisi

購物清單

lonnano la go reka

開放時間

diura tsa go bula

錢包

sepatšhe

信用卡

rata ya go tsaya sekoloto

袋子

kgetsi

塑膠袋

kgetsi ya polasetiki

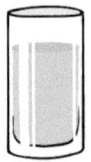

水

metsi

果汁

jusi

牛奶

mašwi

可樂

khouku

紅酒

beine

啤酒

biri

酒

bojalwa

可可

khoukhou

茶

tee

咖啡

kofi

義式濃縮咖啡

esepereso

卡布奇諾

cappuccino

香蕉

panana

蘋果

apole

柳丁

namune

西瓜

legapu

檸檬

surunamune

胡蘿蔔

segwete

大蒜

konofole

竹子

lotlhaka lwa bampuse

洋蔥

eie

蘑菇

mabowa

堅果

manoko

麵條

di-noodles

義大利麵

sepagethi

米飯

raese

沙拉

salate

薯條

ditšhipisi

炸馬鈴薯

ditapole tse di gadikilweng

披薩餅

pizza

漢堡

hamburger

三明治

borotho jo bo tlapisitsweng

炸豬排

nama e e gadikilweng

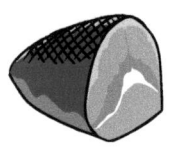

火腿

nama ya kolobe

義大利臘腸

salami

香腸

boroso

雞肉

koko

烤肉

gadika

魚

tlhapi

燕麥片

bogobe jwa outse

木斯里

muesli

玉米片

cornflakes

麵粉

bupi

牛角麵包

croissante

麵包捲

banse

麵包

borotho

吐司

borotho jo bo besitsweng

餅乾

bisikiti

奶油

botoro

凝乳

tšhisi

蛋糕

kuku

蛋

lee

煎蛋

lee le le gadikilweng

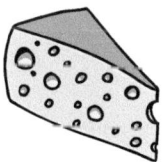

起司

kase

冰淇淋

aesekirimi

糖

sukiri

蜂蜜

mamepe a dinotshe

果醬

jeme

巧克力醬

chokolete e e tshasiwang

咖哩

khari

農場

polase

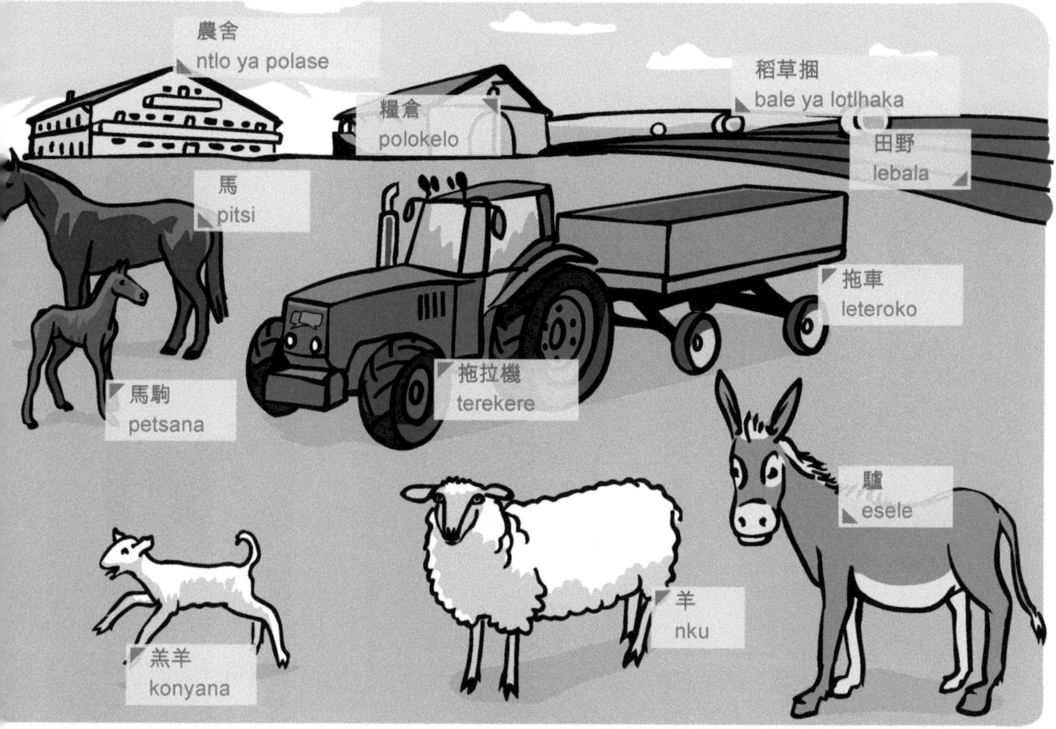
農舍
ntlo ya polase
稻草捆
bale ya lotlhaka
糧倉
polokelo
田野
lebala
馬
pitsi
拖車
leteroko
拖拉機
terekere
馬駒
petsana
驢
esele
羊
nku
羔羊
konyana

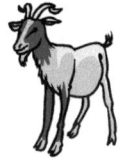

山羊

pudi

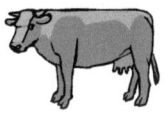

奶牛

kgomo

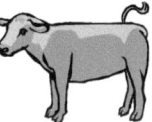

小牛

namane

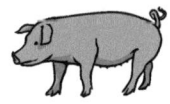

豬

kolobe

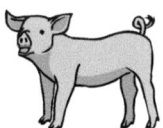

小豬

kolojane

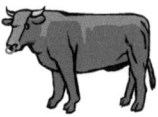

公牛

poo

鵝

ganse

鴨

pidipidi

小雞

kokwanyana

母雞

mokoko

公雞

mokoko

鼠

peba

貓

katse

老鼠

peba

牛

kgomo

狗

ntša

狗屋

ntlo ya ntša

花園澆水軟管

lethompo la tshingwana

澆水壺

tanka ya go nosetsa

長柄大鐮刀

disekele tsa tshipi

犁

lema

鐮刀
disekele

鋤頭
setlhagola

長柄草耙
foroko ya go peta

斧頭
selepe

獨輪手推車
kiribae

飼料槽
bonwelo

牛奶罐
mašwi a a moteng ga
moteme

麻布袋
kgetsana

柵欄
legora

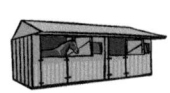

馬廄
tsepame

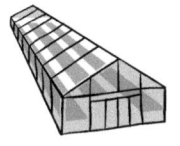

溫室
lefelo la go godisa dijalo

土壤
mmu

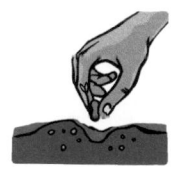

種子
peo

肥料
menyoro

聯合收割機
thobo e e kopaneng

收割

thobo

收割

thobo

地瓜

di-yam

小麥

korong

大豆

soya

土豆

tapole

玉米

korong

油菜籽

disonobolomo

果樹

setlhare sa maungo

樹薯

cassava

穀物

dijo tsa phakela

房子

ntlo

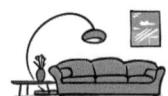

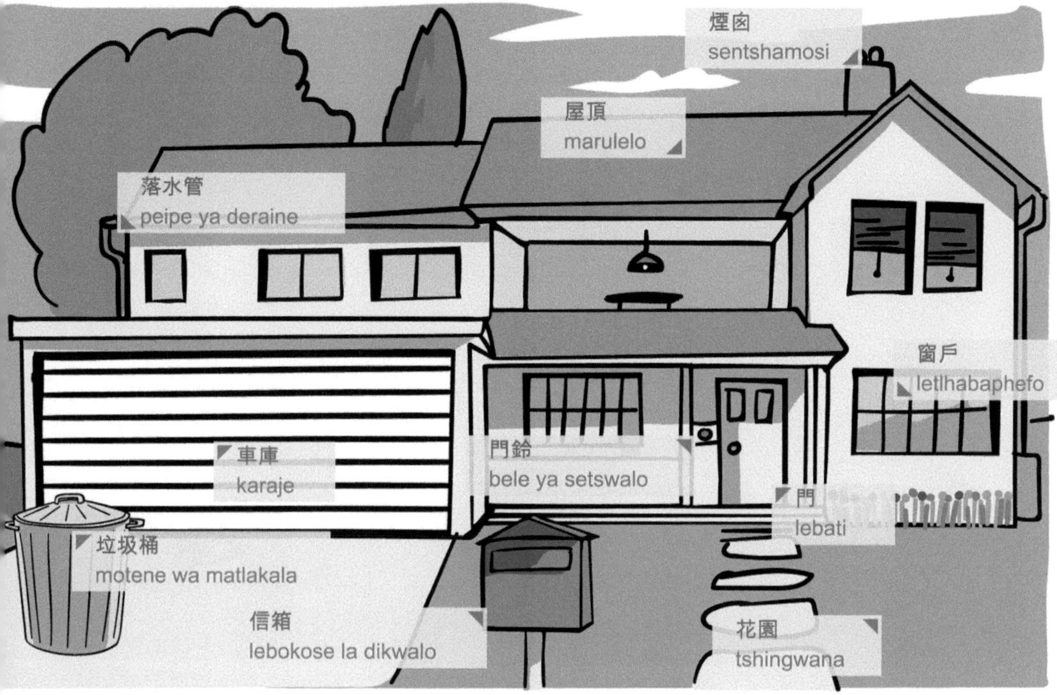

煙囪
sentshamosi
屋頂
marulelo
落水管
peipe ya deraine
窗戶
letlhabaphefo
車庫
karaje
門鈴
bele ya setswalo
門
lebati
垃圾桶
motene wa matlakala
信箱
lebokose la dikwalo
花園
tshingwana

客廳

phaposi ya bodulo

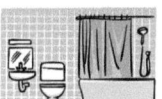

浴室

phaposi ya go tlhapela

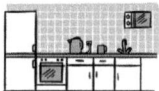

廚房

boapeelo

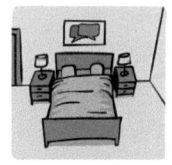

臥室

phaposi ya borobalo

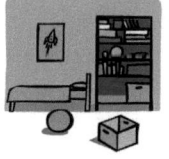

兒童房

phaposi ya bana

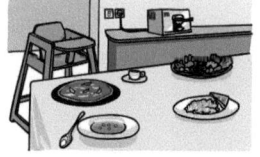

餐廳

phaposi ya bojelo

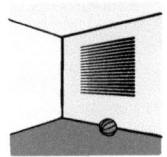

地板

mo fatshe

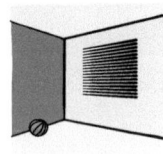

牆壁

lebota

天花板

siling

地窖

mabolokelo

三溫暖

se futhumatsa mmele

陽臺

mokatako

露臺

mokgekolosa

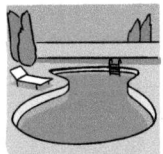

游泳池

makadiba

割草機

sedirisiwa sa go sega
bojang

被單

lakane

床罩

kobo

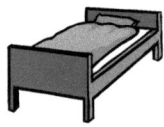

床

bolao

掃帚

lefielo

水桶

kgamelo

開關

switch

客廳

phaposi ya bodulo

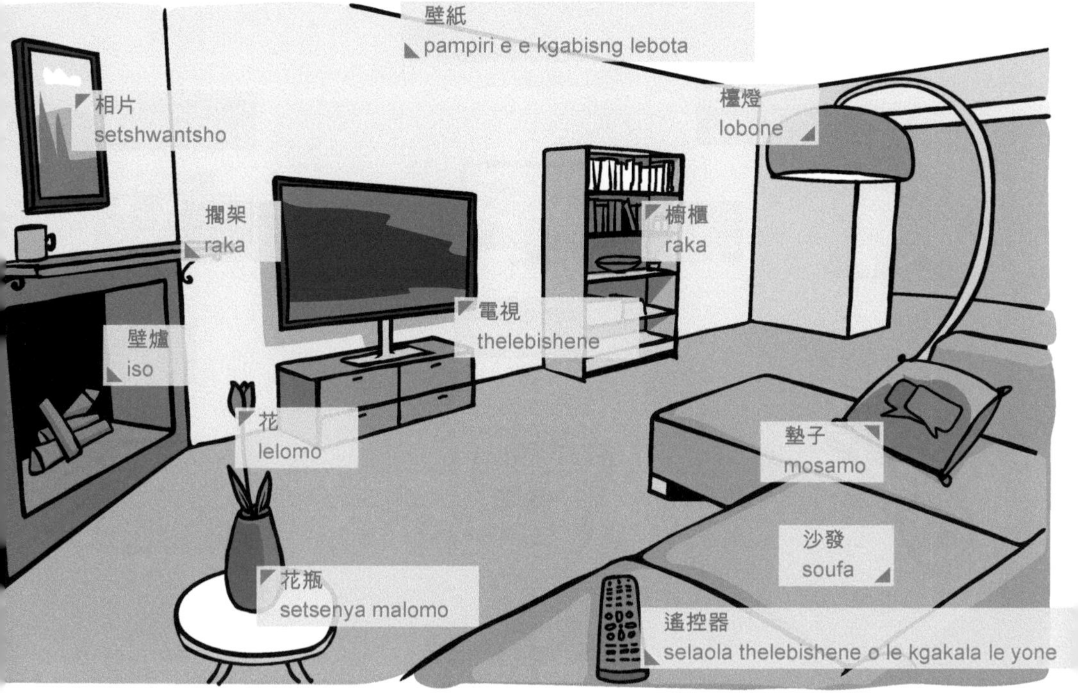
壁紙
pampiri e e kgabisng lebota
相片
setshwantsho
檯燈
lobone
擱架
raka
櫥櫃
raka
電視
thelebishene
壁爐
iso
花
lelomo
墊子
mosamo
沙發
soufa
花瓶
setsenya malomo
遙控器
selaola thelebishene o le kgakala le yone

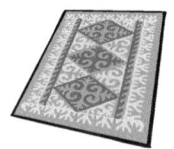

地毯

mmetshe

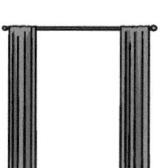

窗簾

garetene

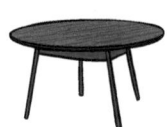

餐桌

tafole

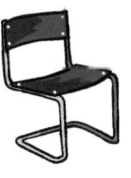

椅子

setulo

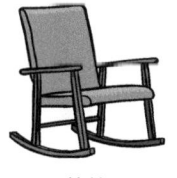

搖椅

setulo se se binang

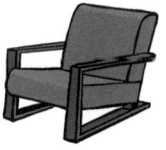

扶手椅

setulo se se naleng boikego

書

buka

毯子

kobo

裝飾品

mokgabiso

木柴

dikgong tsa molelo

電影

filimi

高傳真音響

hi-fi ya go letsa

鑰匙

selotlolo

報紙

lokwalodikgang

油畫

setshwantsho se se dirilweng ka pente

海報

pampiri ya go phasalatsa

收音機

seyalemowa

筆記本

buka ya dintla

吸塵器

huvara

仙人掌

motoroko

蠟燭

kerese

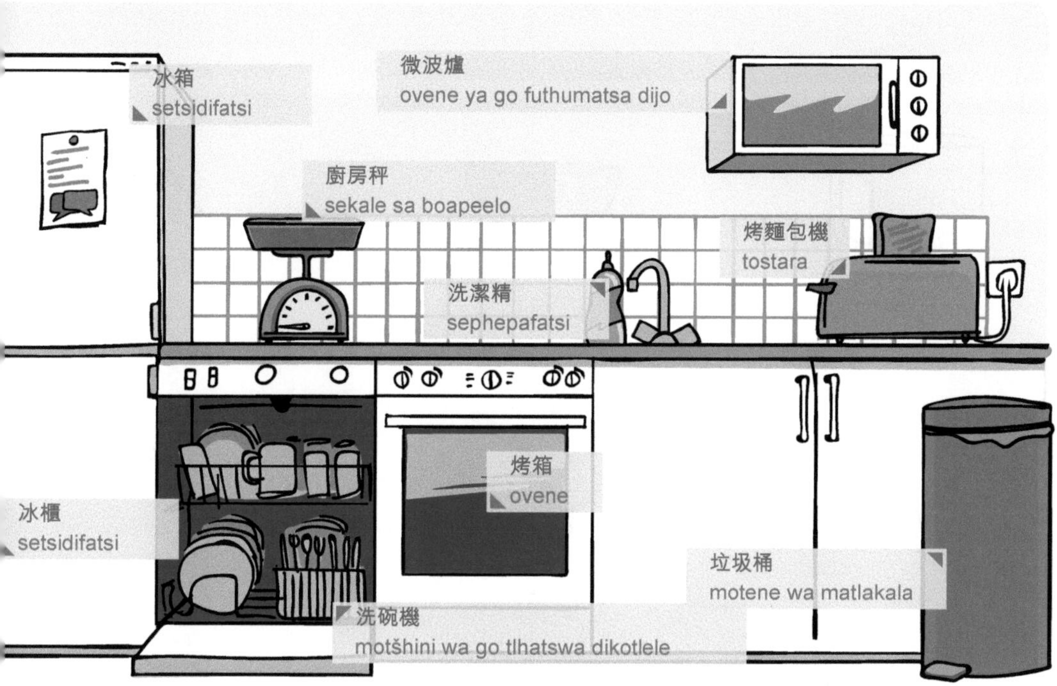

冰箱
setsidifatsi

微波爐
ovene ya go futhumatsa dijo

廚房秤
sekale sa boapeelo

烤麵包機
tostara

洗潔精
sephepafatsi

冰櫃
setsidifatsi

烤箱
ovene

垃圾桶
motene wa matlakala

洗碗機
motšhini wa go tlhatswa dikotlele

炊具
moapei

鍋
pitsa

鑄鐵鍋
pitsa ya tshipi

炒鍋
wok / kadai

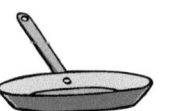

平底鍋
pane

水壺
ketlele

蒸鍋

sefuthumatsi

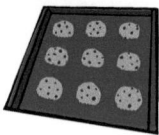

烤盤

terei ya go baka

陶瓷鍋

dintsho

馬克杯

kopi

碗

sejana

筷子

thobane ya go rema

長柄勺

thoka

鏟子

sepatšhula

攪拌器

wiskara

濾網

setereinara

篩子

setlhotlhi

磨碎機

greitara

研缽

kika

燒烤

nama ya kgomo

明火

molelo o o mopepeneneg

菜板

boroto ya go segela

擀麵杖

rolara

開瓶器

sebula dibotlolo tsa beine

罐子

moteme

開罐器

sebula moteme

隔熱手套

setshwari sa pitsa

水槽

sinki

刷子

boratšhe

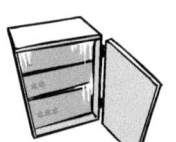

海綿

sepontšhe

攪拌機

etlhakanya dijo / maungo

冷藏箱

setsidifatsi

奶瓶

botlole ya ngwana

水龍頭

tepe

浴室

phaposi ya go tlhapela

供暖裝置
thutafatsa
毛巾
toulo
淋浴
shawara
浴簾
garetene ya shawara
泡沫浴
setshelo sa go dira dibabole mo bateng
浴缸
bata
玻璃杯
galase
洗衣機
setlhatswa diaparo
水龍頭
tepe
瓷磚
dithaele
便壺
poti
水槽
sinki

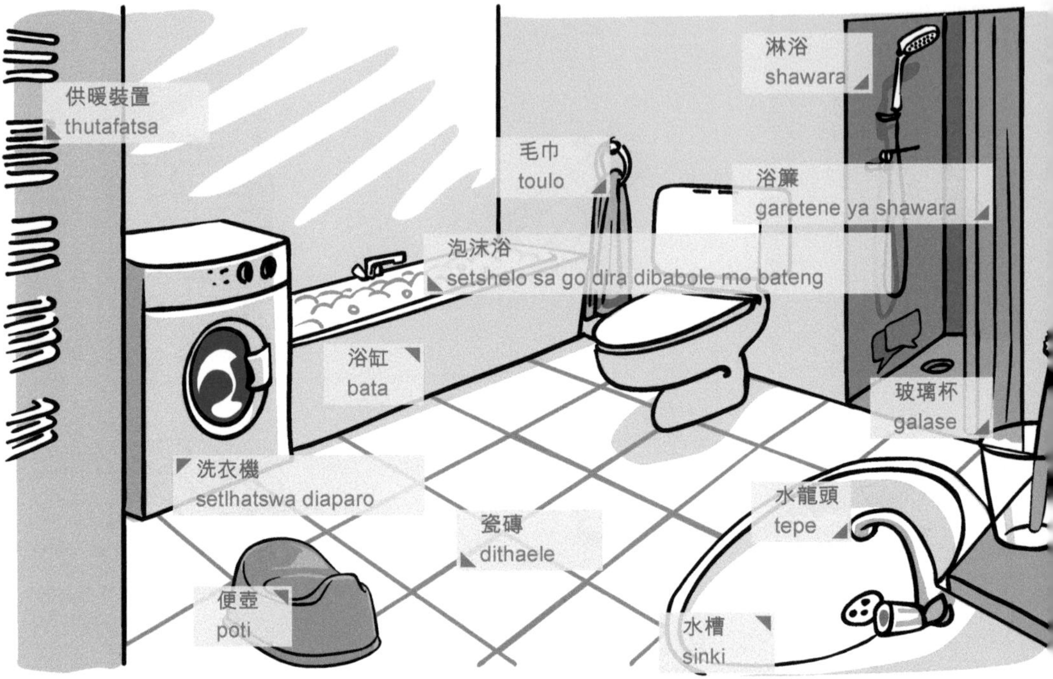

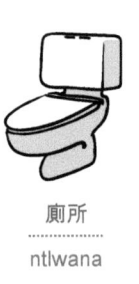

廁所

ntlwana

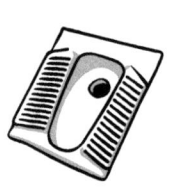

蹲便器

ntlwana ya go kotama

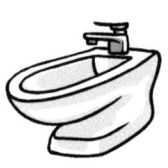

坐浴器

bidete

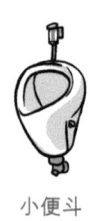

小便斗

moroto

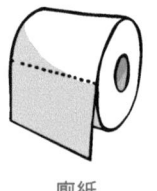

廁紙

pampiri ya boithomelo

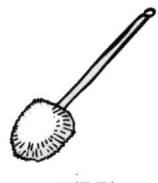

馬桶刷

boratšhe jwa ntlwana

牙刷

boratšhe jwa meno

牙膏

sesepa sa meno

牙線

tlhale ya go phepafatsa meno

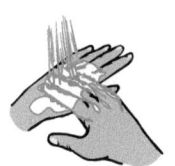

洗

tlhatswa

手持式蓮蓬頭

shawara ya go itshwarela

沖洗器

senkgisa monate

洗臉盆

beisini

洗背刷

boratšhe jwa mokwatla

肥皂

sesepa

沐浴露

jele ya shawara

洗髮乳

setlhapisa moriri

法蘭絨

folanele

排水

mosele

乳霜

setlolo

除臭劑

senkgamonate

鏡子

seipone

手鏡

seipone sa go itshwarela

刮鬍刀

legare

刮鬍泡沫

foumu ya go ntsha moriri

鬍後水

foumu ya fa o fetsa go
ntsha moriri

梳子

kama

刷子

boratšhe

吹風機

seomisa moriri

噴髮定型劑

seporei sa moriri

化妝品

seitlole sa sefatlhego

唇膏

setlolo sa molomo

指甲油

pente ya dinala

化妝棉

boboa

指甲剪

sekere sa dinala

香水

leokwane le le nkgang
monate

洗漱包

xgetsana ya go tlhatswa

凳子

setulo

計重秤

sekale sa go lekanya

浴袍

seaparo sa botlhapelo

橡膠手套

ditlelafo tsa rekere

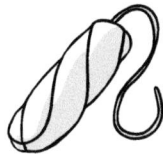

衛生棉條

tempone

衛生棉

edirisiwa sa basadi ba ba
mo kgweding

化學廁所

ntlwana ya khemikhale

兒童房

phaposi ya bana

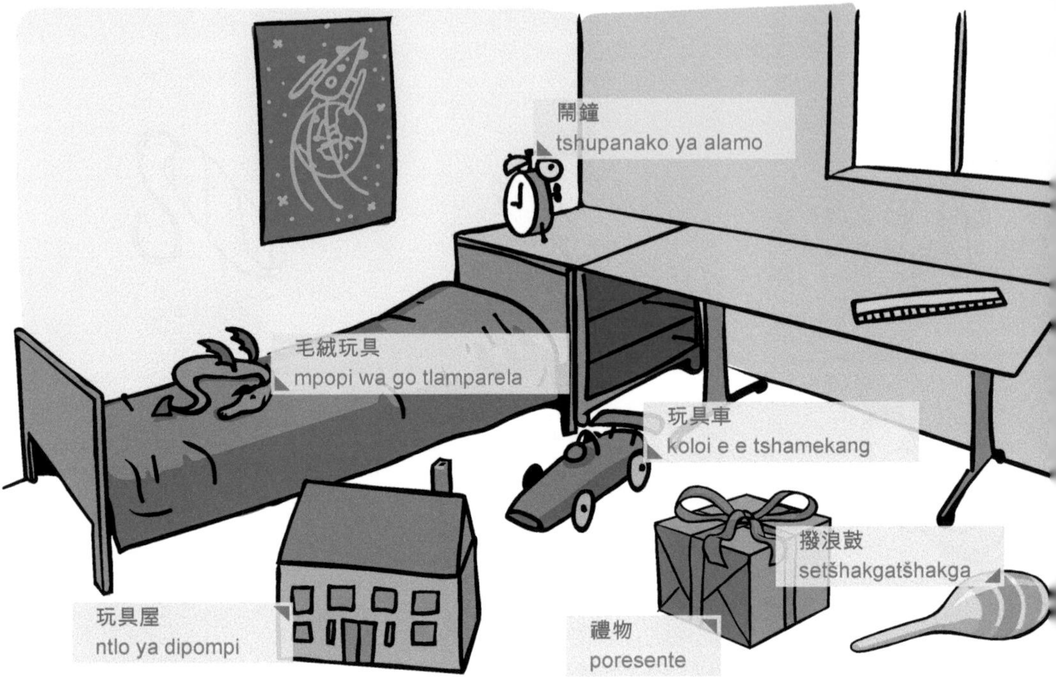

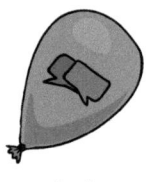

鬧鐘
tshupanako ya alamo
毛絨玩具
mpopi wa go tlamparela
玩具車
koloi e e tshamekang
撥浪鼓
setšhakgatšhakga
玩具屋
ntlo ya dipompi
禮物
poresente

氣球

baluni

床

bolao

嬰兒車

porema

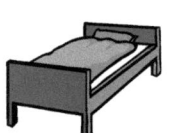

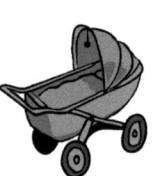

撲克牌

deck of cards

拼圖

saga ya motlakase

SUPER MEGA

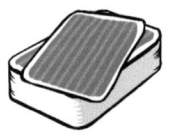

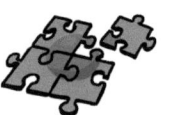

漫畫

buka ya ditshegisi

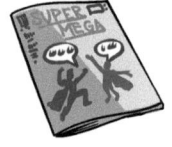

樂高積木

matlapa a go tshameka

積木玩具

diboloko tse di tshamekang

公仔

setshwantsho sa motho

嬰兒服

seaparo sa lesea

飛盤

Frisbee

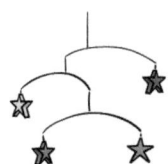

床鈴玩具

selo sa go letsa mmino mo ditsebeng

棋盤遊戲

motshameko wa boroto

骰子

daese

火車模型

terena

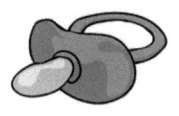

安撫奶嘴

tami

派對

moletlo

繪本

buka ya ditshwantsho

球

bolo

洋娃娃

mpopi

玩

tshameka

沙坑

lebala le le naleng santa

鞦韆

moswinki

玩具

ditshamekisi tsa bana

電玩遊戲

motshameko wa dibidio

三輪車

baesekele ya maotwana a a mararo

泰迪熊

bera e e diretsweng go tshamekisa bana

衣櫃

raka ya go baya diaparo

衣服

seaparo

襪子

dikausu

長襪

dikausu tsa basadi

緊身褲

dithaetse

圍巾
sekhafo

皮帶
lebante

雨傘
sekhukhu

T恤
sekipa

運動鞋
diteki

靴子
dibutshi

拖鞋
disilipara

涼鞋
dimphatšhane

鞋
ditlhako

雨靴
dibutshi tsa rekere

內褲
borukgwe jwa kwateng

胸罩
boraa

背心
besete

身體

mmele

褲子

borukgwe

牛仔褲

bokate

短裙

sekete

女式襯衫

bolaose

襯衫

hempe

套頭衫

jeresi e e senang matsogo

連帽上衣

jakete e e enaleng hutshe

西裝夾克

boleisara

夾克

jakete

外套

jase

雨衣

jase ya pula

套裝

khosetjhumo

連衣裙

mosese

婚紗

mosese wa lenyalo

西裝
sutu

睡袍
seaparo sa bosigo

睡衣
diaparo tsa go robala

莎麗
sari

頭巾
sekhafa sa tlhogo

包頭巾
turban

波卡
burqa

卡夫坦
kaftan

(阿拉伯式)長袍
abaya

泳衣
seaparo sa go thuma

男式泳褲
diteranka

短褲
borukgwe jo bo khutshwane

運動服
terekesutu

圍裙
seaparo sa go phephafatsa

手套
ditlelafo

鈕扣

talama

眼鏡

diborele

手鏈

sebaga

項鍊

sebaga sa mo thamong

戒指

palamonwana

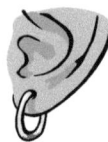

耳環

lengena

便帽

kepisi

衣架

sepega baki

帽子

hutshe

領帶

tae

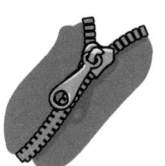

拉鍊

zepe

安全帽

hutshe ya sethuthuthu

背帶

ditrata tsa meno

校服

diaparo tsa sekolo

制服

diaparo tsa mmereko /
diaparo tsa sekolo

圍兜

bebe

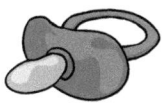

安撫奶嘴

tami

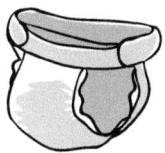

尿布

mongato

辦公室
kantoro

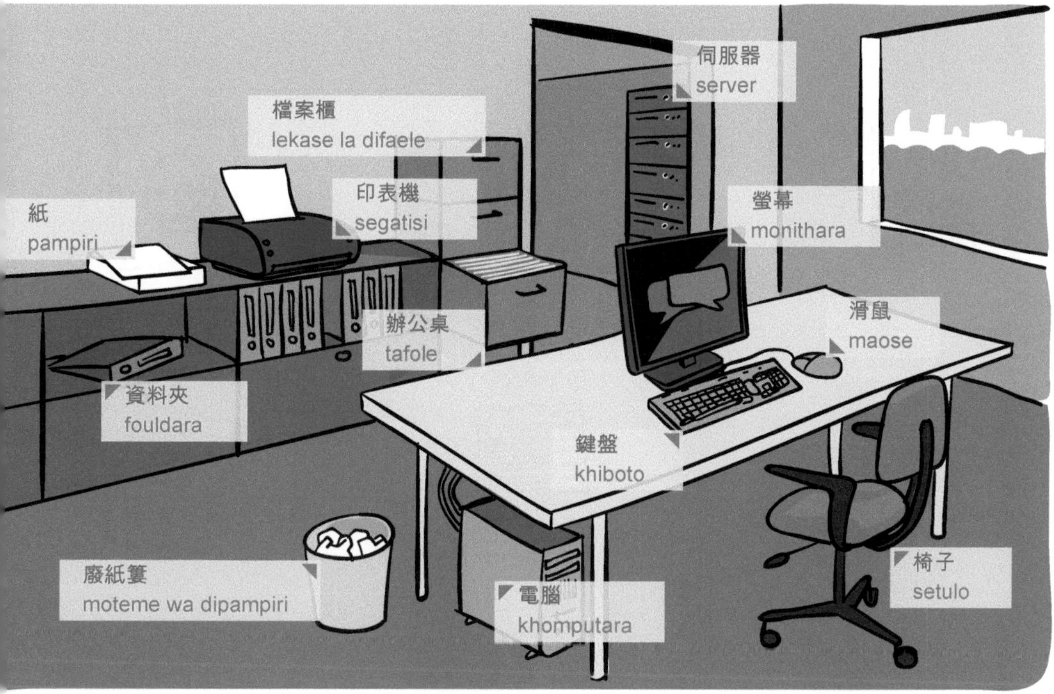

伺服器
server

檔案櫃
lekase la difaele

印表機
segatisi

螢幕
monithara

紙
pampiri

辦公桌
tafole

滑鼠
maose

資料夾
fouldara

鍵盤
khiboto

廢紙簍
moteme wa dipampiri

椅子
setulo

電腦
khomputara

咖啡杯

kopi

計算機

khalkhuleitara

網際網路

inthanete

筆記型電腦

lapothopo

信件

lekwalo

簡訊

molaetsa

行動電話

mogala wa letheka

網路

kgolagano ya megala

影印機

segatisa dipampiri

軟體

software

電話

mogala

插座

sokete ya polaka

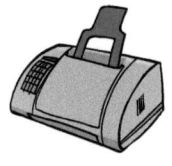

傳真機

motšhini wa fekese

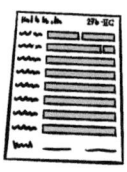

表格

foromo

檔案

setlankana

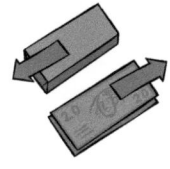

買
reka

付錢
patela

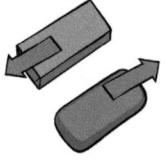

交易
rekisa

現金
madi / tšhelete

美元
dolara

歐元
euro

日元
yen

盧布
roubele

瑞士法郎
swiss franc

人民幣
renminbi yuan

盧比
rupee

撳款處
lefelo la madi

外幣兌換處

kantoro ya go fetola madi

金

gauta

銀

selefera

石油

oli

能源

maatla

價格

tlhwatlhwa

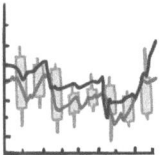

合約

konteraka

稅金

lekgetho

股票

setoko

工作

dira

職員

mothapiwa

老闆

mothapi

工廠

bodirelo

商店

lebenkele

職業

maemo

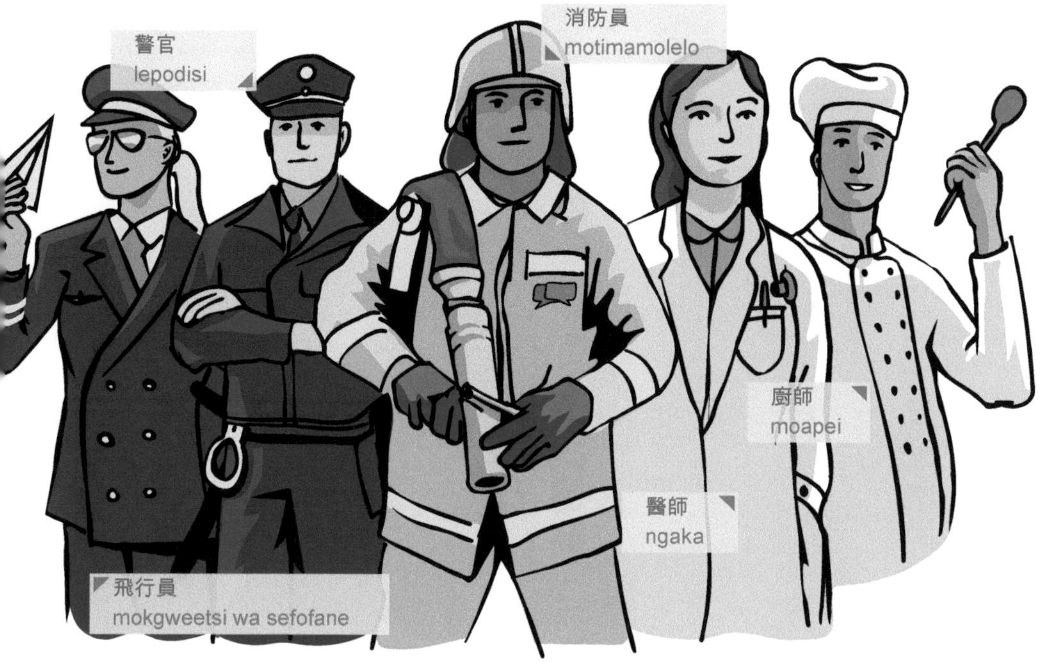

警官
lepodisi
消防員
motimamolelo
廚師
moapei
醫師
ngaka
飛行員
mokgweetsi wa sefofane

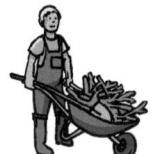

園丁
ratshingwana

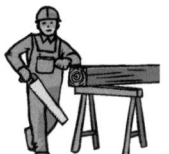

木匠
mmetli wa dikgong

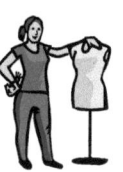

裁縫
moroki

法官
moatlhodi

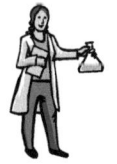

化學家
moitse wa melemo

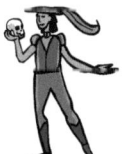

演員
modiragatsi

公車司機

mokgweetsi wa bese

計程車司機

mokgweetsi wa tekisi

漁夫

motshwari wa ditlhapi

清洗女工

Mme yo o phepafatsang

屋頂工

moruledi

服務生

weitara

獵人

motsumi

畫家

motaki

麵包師

mmesi wa senkgwe

電工

ramotlakase

建築工人

moagi

工程師

moenjenere

屠夫

mosegi wa nama

水管工

motsenyi wa diphaepe tsa metsi

郵差

motsamaisa poso

士兵

leshole

建築師

modiri wa dipolane

收銀員

morekisi

花農

morekisi wa malomo

理髮師

mokgabisamoriri

售票員

kondactara

機械技師

mokheneke

船長

mokapeteine

牙醫

ngaka ya meno

科學家

Rasaense

拉比

moruti

伊瑪目

imam

和尚

moitlami

牧師

moruti

工具

didiriswa

鐵錘
hamore
鉗子
tang
螺絲起子
sekurufu deraevara
扳手
sepanere
手電筒
lobone

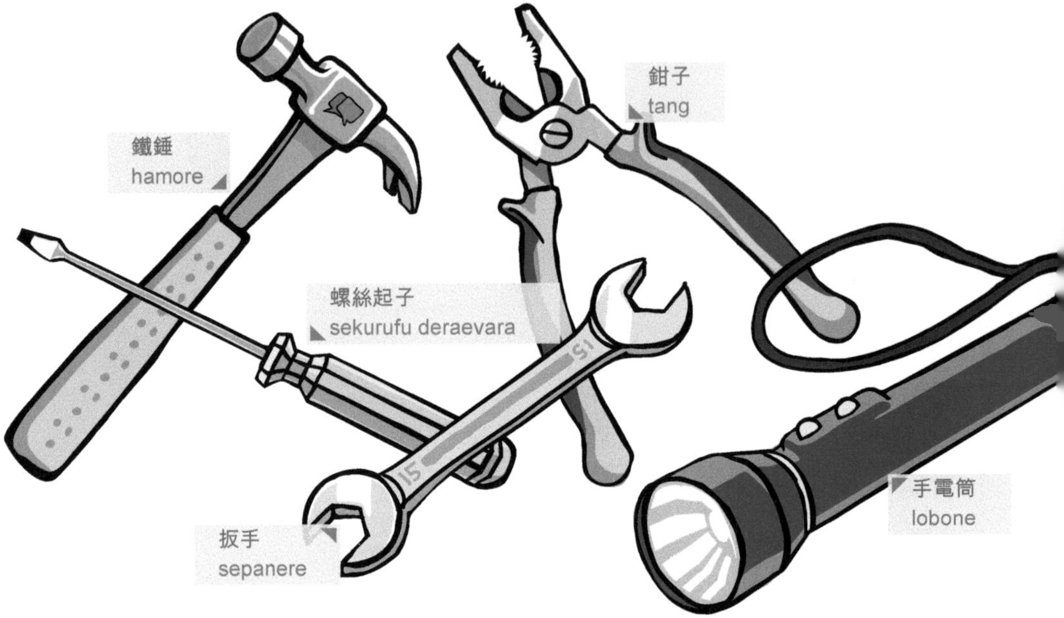

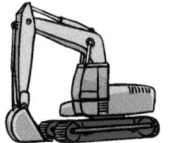

挖掘機

moepi

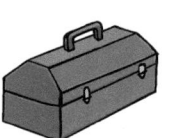

工具箱

bokoso ya didirisiwa

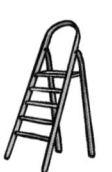

梯子

lere

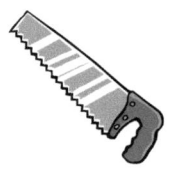

鋸子

saga

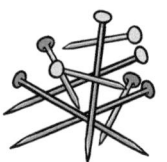

釘子

dipekere

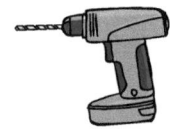

鑽機

sebori

修
baakanya

鏟子
garawe

糟糕！
ijaa!

畚箕
seolela matlakala

油漆桶
pitsa ya pente

螺絲
sekurufu

樂器

didirisiwa tsa mmino

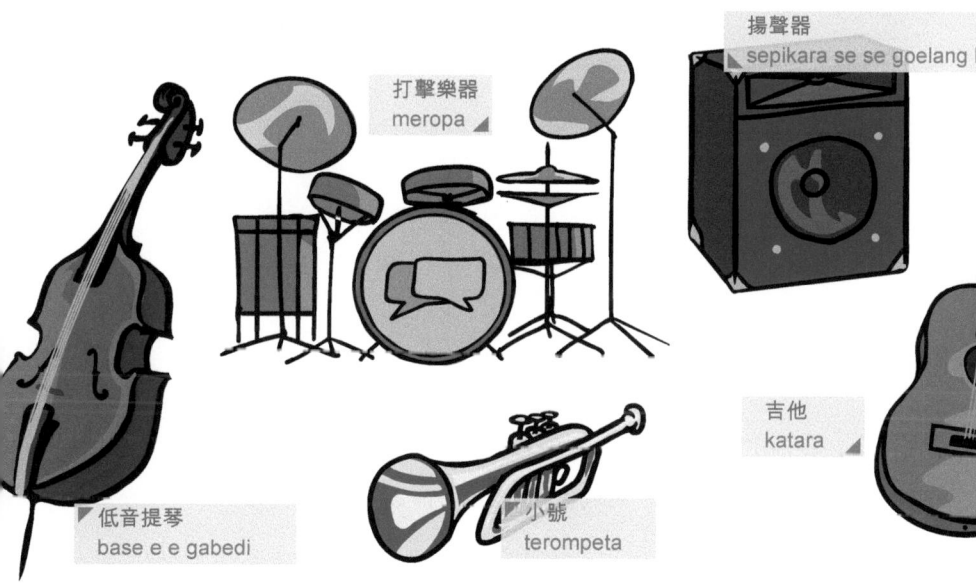

揚聲器
sepikara se se goelang ko godimo

打擊樂器
meropa

吉他
katara

低音提琴
base e e gabedi

小號
terompeta

鋼琴

piano

小提琴

bayolini

貝斯

base

定音鼓

timpane

鼓

meropa

電子琴

khiboto

薩克斯風

sekesofone

長笛

phala

麥克風

sebuela godimo

動物園
lefelo la go bonela diphologolo

入口
botseno

老虎
lengau

籠子
kheitŝhe

斑馬
pitse ya naga

動物飼料
dijo tsa diphologolo

熊貓
panda

動物
diphologolo

大象
tlou

袋鼠
dikhankaruu

犀牛
tshukudu

大猩猩
tshweni

熊
bera

駱駝

kamela

鴕鳥

kalakune

獅子

tau

猴子

tshwene

紅鶴

flamingo

鸚鵡

papalagae

北極熊

bera e e dulang ko lefelong
le le tsididi thata

企鵝

nonyane tsa lewatle

鯊魚

leruarua

孔雀

phikoko

蛇

noga

鱷魚

kwena

動物園管理員

motlhokomedi wa
diphologolo

海豹

sili

美洲豹

katse

矮種馬

petsana

豹

lengau

河馬

tshukudu

長頸鹿

thutlwa

老鷹

ntsu

野豬

dikolobe tsa naga

魚

tlhapi

龜

khudu

海象

walrus

狐狸

ntja ya naga

羚羊

tshephe

體育
metshameko

橄欖球
kgwele ya dinao ya Amerika

騎腳踏車
motshameko wa baesekele

網球
tenese

籃球
baseketebolo

游泳
thuma

拳擊
motshameko wa go lwa ka diatla

冰球
hockey ya mo aeseng

美式足球
kgwele ya dinao

羽毛球
badminthone

田徑
atletiki

手球
kgwele ya diatla

滑雪
skiing

馬球
polo

跳 tlola

擁抱 tlamparela

笑 tshega

走路 tsamaya

唱 opela

做夢 lora

祈禱 rapela

親吻 atla

書寫	畫	展示
kwala	torowa	bontsha

推	給	拿
kgorometsa	naya	tsaya

有
go nna

做
dira

當
nna

站
ema

跑
taboga

拉
goga

丟
latlha

摔倒
wa

躺
maaka

等待
ema

攜帶
tsholetsa

坐
dula

穿衣
apara

睡覺
robala

醒來
tsoga

看
leba

哭
lela

擊
thuma ka lemorago

梳頭
kama

交談
bua

明白
tlhaloganya

問
botsa

聽
reetsa

喝
nwa

吃
ja

清理
phepafatsa

愛
lorato

做飯
apaya

開車
kgweetsa

飛
fofa

航行

seila

計算

khalkhuleitara

讀

bala

學習

ithute

工作

dira

結婚

nyala

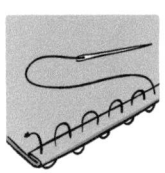

縫

roka

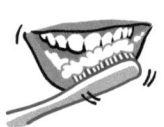

刷牙

tlhapa meno

殺

bolaya

抽菸

tsuba

寄

romela

祖母
mmemogolo

祖父
rremogolo

父親
rre

母親
mme

嬰兒
ngwana

女兒
morwadi

兒子
morwa

客人
moeng

阿姨
mmangwane

叔叔
malome

兄弟
abuti

姐妹
ausi

身體

mmele

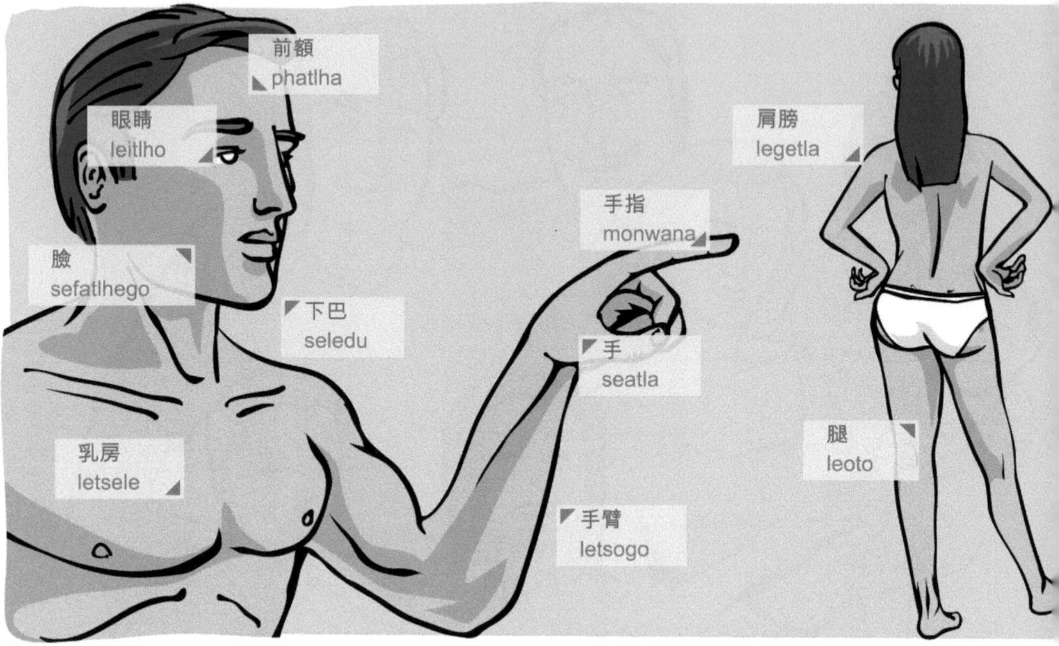

前額
phatlha

眼睛
leitlho

臉
sefatlhego

下巴
seledu

乳房
letsele

手指
monwana

手
seatla

手臂
letsogo

肩膀
legetla

腿
leoto

嬰兒
ngwana

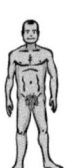
男人
monna

女人
mosadi

女孩
mosetsana

男孩
mosimane

頭
tlhogo

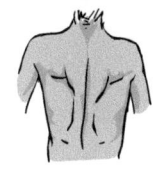
背部
mokwatla

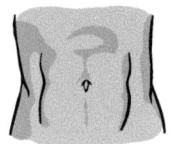
肚子
mpa

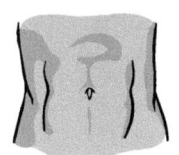
肚臍
khubu

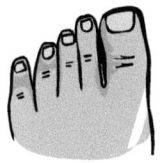
腳趾
monwana

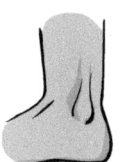
腳後跟
serethe

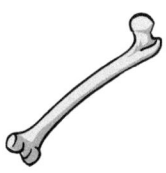
骨頭
lerapo

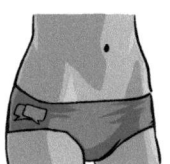
臀部
letheka

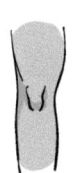
膝蓋
lengole

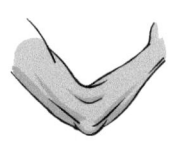
手肘
sekgono

鼻子
nko

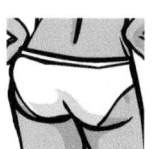
屁股
ko tlase

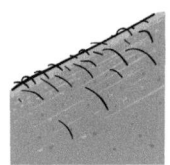
皮膚
letlalo

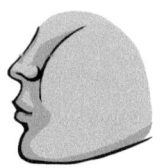
臉頰
lerama

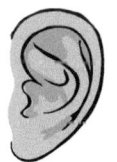
耳朵
tsebe

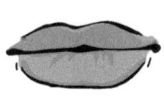
嘴唇
pounama

嘴
molomo

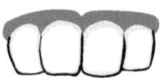

牙齒
leino

舌頭
loleme

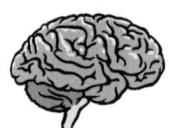

腦
boboko

心臟
pelo

肌肉
maatla

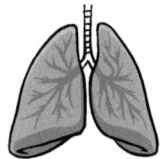

肺
lekgwafo

肝臟
sebete

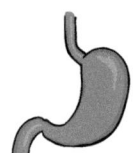

胃
mala

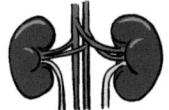

腎臟
diphio

性交
bong

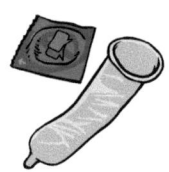

保險套
mosomelwana

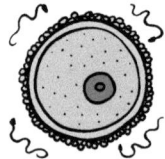

卵子
sebelegi sa ngwana

精子
semen

懷孕
moimana

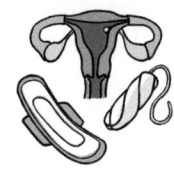

月事

nako tsa go tla ka kgwedi tsa basadi

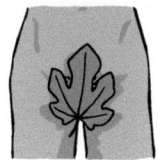

陰道

serwe sa mosadi

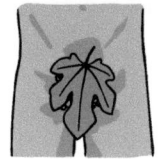

陰莖

serwe sa monna

眉毛

dintshi

頭髮

moriri

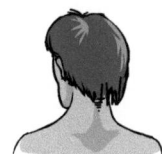

脖子

thamo

身體 - mmele

醫院

sepetlele

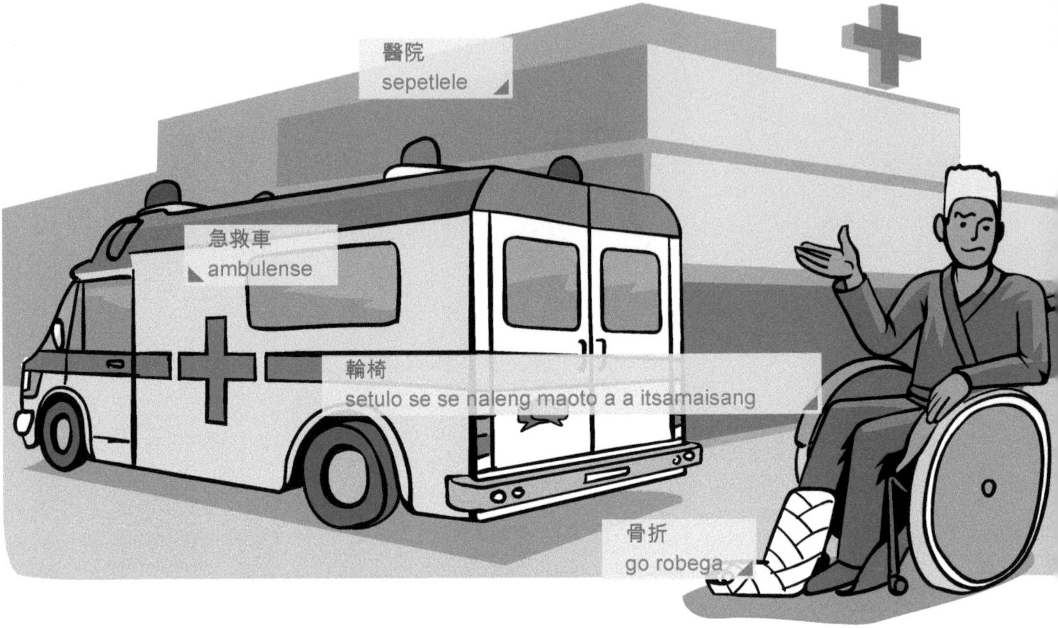

醫院
sepetlele
急救車
ambulense
輪椅
setulo se se naleng maoto a a itsamaisang
骨折
go robega

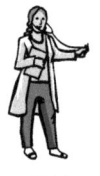

醫師

ngaka

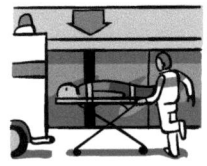

急診室

phaphosi ya tshoganyetso

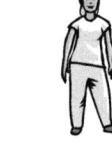

護理師

mooki

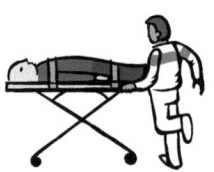

緊急情形

tshoganyetso

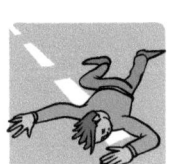

昏迷

idibala

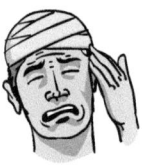

痛

setlhabi

受傷

kgobalo

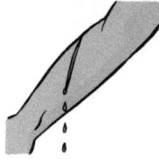

出血

go dutla madi

心臟病發作

tlhaselo ya pelo

中風

setorouko

過敏

bolwetsi

咳嗽

go gotlhola

發燒

fulu

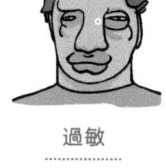

流感

fulu

腹瀉

letshololo

頭痛

opiwa ke tlhogo

癌症

kankere

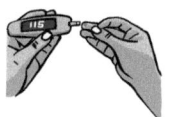

糖尿病

sukiri ya mmele

外科醫師

moari

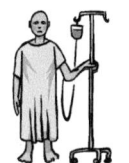

手術刀

sekalepele

手術

karo

電腦斷層掃描

CT

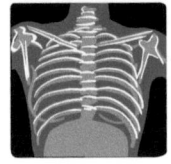

X光

x-ray

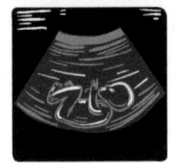

超音波

motšhini wa go leba mo mpeng

口罩

sesira sefatlhego

疾病

twatsi

候診室

phaposi boletelo

拐杖

dithobane

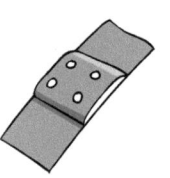

石膏

polasetara

繃帶

sefapho

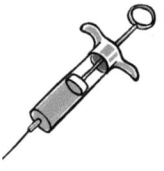

注射

lemao

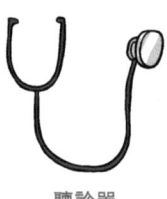

聽診器

setetosekoupu

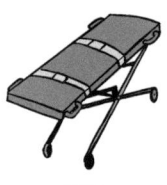

擔架

seteretšhara

體溫計

themometara ya bongaka

出生

pelegi

超重

bokima jwa mmele

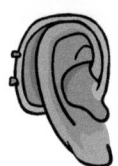

助聽器

sedirisiwa sa go thusa go utlwa

消毒液

sesireletsa dintho

感染

tshwaetso

病毒

mogare

愛滋病

HIV / AIDS

藥物

melemo

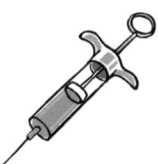

接種疫苗

mokento

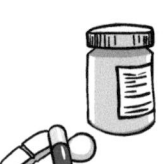

藥片

thabolete

藥丸

pilisi

急救電話

mogala wa tshoganyetso

血壓計

motšhini wa go ela tlhoko kgatelelo ya madi

生病/健康

lwala / itekanetse

救命！
Thusa!

警報
alamo

突擊
tshotlako

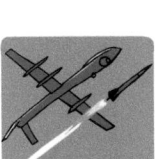

攻擊
tlhasela

危險
kotsi

緊急出口
kgoro ya tshoganyetso

失火了！
Molelo!

滅火器
setima moleleo

意外
kotsi

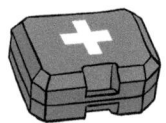

急救箱
khiti ya go thusa ka
dikgobalo

呼救訊號
SOS

員警
lepodisi

歐洲

Yuropa

北美洲

Bokone jwa Amerika

南美洲

Borwa jwa Amerika

非洲

Aforika

亞洲

Asia

澳洲

Australia

大西洋

Atlantic

太平洋

Pacific

印度洋

Lewatle la India

南冰洋

Lewatle la Antarctic

北冰洋

Lewatle la Arctic

北極

Bokone

南極

Borwa

南極洲

Antartica

地球

Lefatshe

陸地

lefatshe

海

lewatle

島

losi lwa lewatle

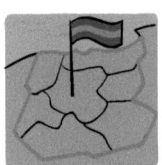

國家

lotso

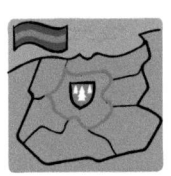

州

boemo

地球 - Lefatshe

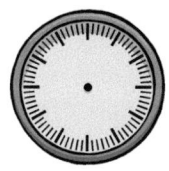

錶盤
lentle la tshupanako

時針
letsogo la ura

分針
letsogo la metsotso

秒針
letsogo la metsotswana

現在幾點？
ke nako mang?

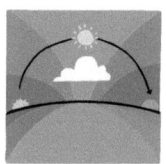

天
letsatsi

時間
nako

現在
go ne jaanong

電子錶
tshupanako ya dijithale

分
metsotso

時
ura

週

beke

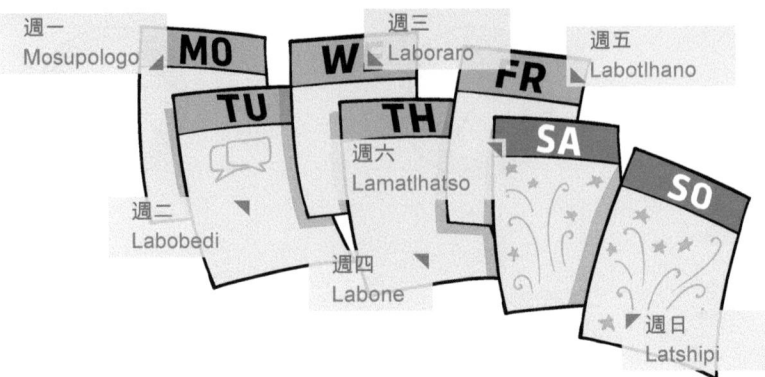

週一 Mosupologo
週三 Laboraro
週五 Labotlhano
週二 Labobedi
週六 Lamatlhatso
週四 Labone
週日 Latshipi

昨天

maabane

今天

gompieno

明天

kamoso

早晨

moso

中午

thapama

晚上

maitseboa

工作日

malatsi a tiro

週末

mafelo a beke

雨
pula

彩虹
motshe wa badimo

雪
letlhwa

風
phefo

春
dikgakologo

秋
letlhafula

夏
selemo

冬
mariga

4.APRIL	11°	☀
5.APRIL	4°	
6.APRIL	13°	
7.APRIL	8°	❄
8.APRIL	10°	☀

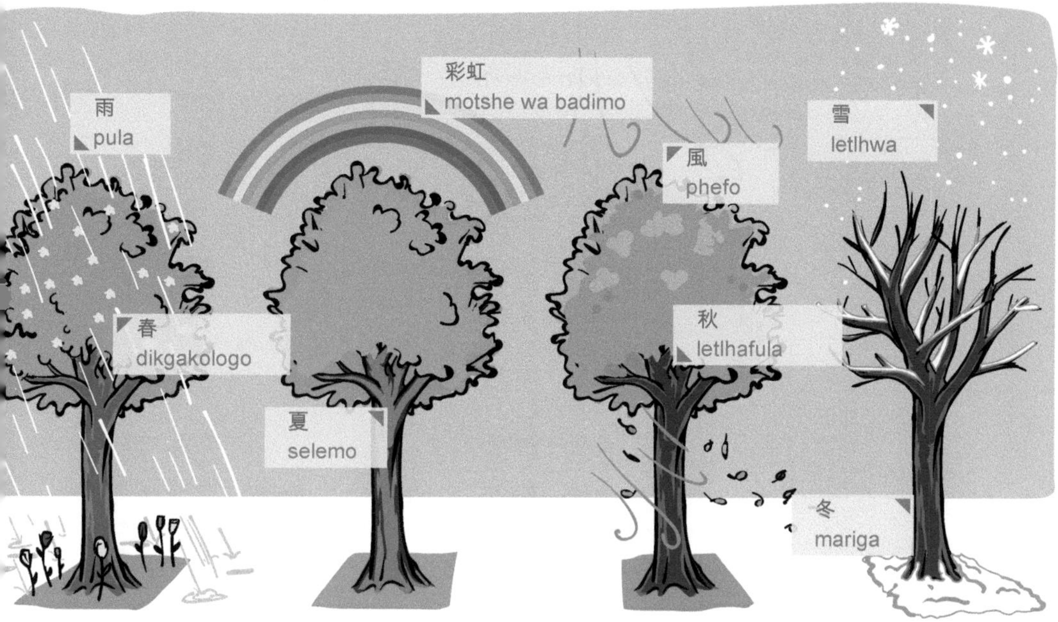

天氣預告
botsogo jwa loapi

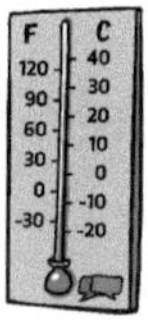

溫度計
themomithara

陽光
letsatsi

雲
leru

霧
mouwane

潮濕
humidity

閃電

legadima

打雷

modumo wa maru

風暴

matsubutsubu

冰雹

sefako

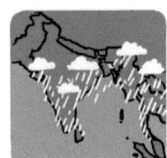

季風

monsoon

洪水

morwalela

冰

aese

一月

Ferikgong

二月

Tlhakole

三月

Mopitlwe

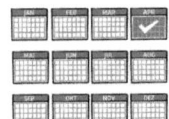

四月

Moranang

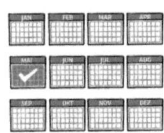

五月

Motsheganong

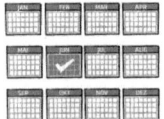

六月

Seetebosigo

七月

Phukwi

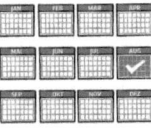

八月

Phatwe

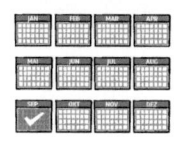

九月

Lwetse

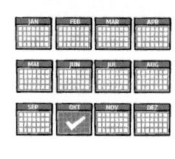

十月

Diphalane

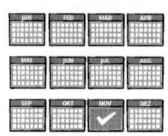

十一月

Ngwanaatsele

十二月

Sedimonthole

形狀
dipopego

圓形

kgolokwe

正方形

khutlonne

長方形

khutlonnetsepa

三角形

khutlotharo

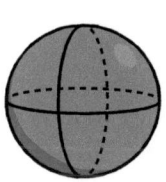

球體

khutlo

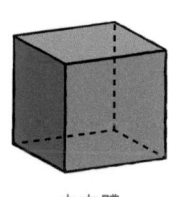

立方體

khiubu

白

tshweu

黃

serolwana

橙

mmala wa namune

粉

pinki

紅

khibidu

紫

bohibidu jo bo mokgona

藍

pududu

綠

tala

棕

tshetlha

灰

tshetlha

黑

ntsho

很多/少許

go le gontsi / go nnye

生氣/平靜

go kwata / go ritibala

美/醜

montle / maswe

首/尾

tshimologo / bofelo

大/小

tonna / nnyane

明/暗

lesedi / lefifi

兄弟/姐妹

abuti / ausi

乾淨/骯髒

phepa / leswe

完整/缺失

feletse / go sa felela

白天/晚上

motshegare / bosigo

死/生

o sule / o a tshela

寬/窄

bophara / tshesane

可食用/非食用

ya jega / ga e jege

邪惡/善良

bosula / molemo

興奮/無聊

go itumela thata / go se itumele

胖/瘦

nonne / tshesane

第一/最後

ntlha / bofelo

朋友/敵人

tsala / sera

滿/空

tletse / lolea

硬/軟

thata / bonolo

重/輕

bokete / motlhofo

餓/渴

tlala / lenyora

生病/健康

lwala / itekanetse

非法/合法

dumelesega / dumeletswe

聰明/愚笨

botlhale / sematla

左/右

molema / moja

近/遠

gaufi / kgakala

新/舊

sesha / ya kgale

沒有/有些

sepe / sengwe

老/幼

mogolo / mosha

開/關

tsenya / tima

打開/闔上

bula / tswetswe

安靜/吵鬧

tidimalo / modumo

富/窮

khumo / lehuma

對/錯

siame / phoso

粗糙/光滑

ditlhotlhori / borethe

傷心/高興

hutsafetse / itumetse

短/長

khutshwane / telele

慢/快

bonya / bonako

濕/乾

metsi / omile

溫暖/涼爽

mololo / tsididi

戰爭/和平

ntwa / kagiso

數字
dipalo

0
零
lefela

1
一
nngwe

2
二
pedi

3
三
tharo

4
四
nne

5
五
tlhano

6
六
thataro

7
七
supa

8
八
robedi

9
九
robonngwe

10
十
lesome

11
十一
some nngwe

12

十二

some pedi

13

十三

some tharo

14

十四

some nne

15

十五

some tlhano

16

十六

some thataro

17

十七

some supa

18

十八

some robedi

19

十九

some robonngwe

20

二十

masomamabedi

100

百

lekgolo

1.000

千

sekete

1.000.000

百萬

milione

英語
Sejatlhapi

美式英語
Sejatlhapi sa Amerika

普通話
se-China

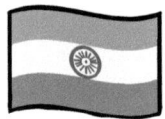

印地語
se-Hindi

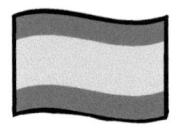

西班牙語
se-Spanish

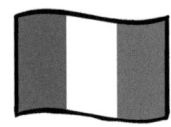

法語
se-For a

阿拉伯語
se-Araba

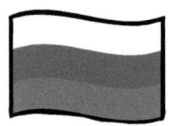

俄語
se-Russia

葡萄牙語
se-Potokisi

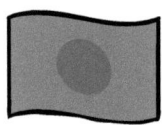

孟加拉語
se-Bengali

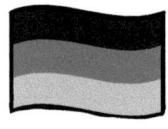

德語
se-Jeremane

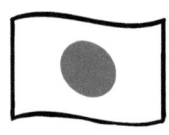

日語
se-Japane

我
Nna

你
wena

他/她/它
ene / ene / sone

我們
re

你們
wena

他們
bone

誰？
mang?

什麼？
eng?

如何？
jang?

何處？
kae?

何時？
leng?

名字
leina

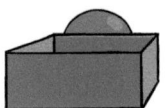

後面

mo morago

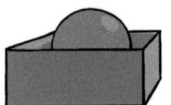

裡面

mo

前面

fa pele ga

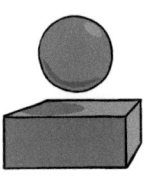

上方

godimo

上面

mo

下麵

fa tlase

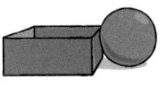

旁邊

mo thoko

中間

magareng

地點

lefelo